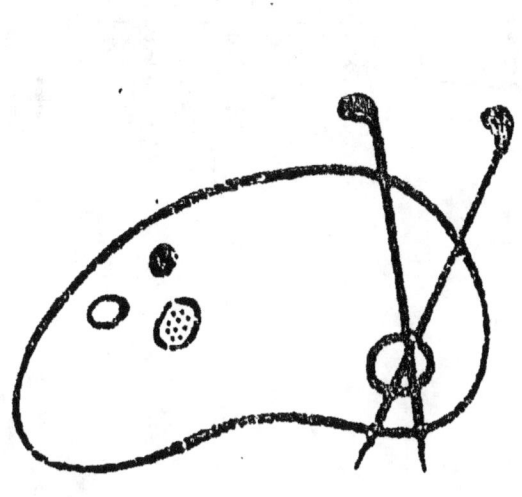

Couvertures supérieure et inférieure
en couleur

COUVERTURES SUPERIEURE ET INFERIEURE D'IMPRIMEUR.

8.Y².
9090

UNE AVENTURE

5ᵉ SÉRIE IN-18.

Propriété des Editeurs.

CAPITAINE MAYNE-REID

UNE AVENTURE

TRADUCTION

DE BÉNÉDICT-HENRY RÉVOIL

LIMOGES
EUGÈNE ARDANT ET Cⁱᵉ, ÉDITEURS

UNE AVENTURE

Pendant une de mes vacances de collège, j'entrepris une excursion de botaniste dans la partie du sud-ouest de la Louisiane. Avant mon départ, j'avais promis à un de mes camarades de lui apporter les peaux des oiseaux rares que je trouverais dans le pays marécageux au milieu duquel je devais m'aventurer. Ce qu'il désirait le plus, c'était quelques individus de l'espèce des ibis rouges : il voulait les faire empailler pour son cabinet. Je lui jurai de ne pas laisser échapper l'occasion de tuer pour lui plusieurs de ces animaux, et j'avais à cœur de tenir ma promesse.

La région qui s'étend au sud de la Louisiane est un vrai labyrinthe composé de marais, de bayous, et de lagunes. Les bayous sont des courants d'eau qui s'écoulent lentement tantôt dans un sens, tantôt dans un autre, à différentes époques de l'année. La plupart de ces ruisseaux sont des déversements du Missisipi, ce fleuve géant qui décharge ses eaux par différentes embouchures plus de trois cents milles au dessus du golfe du Mexique. Ces bayous sont toujours profonds, souvent étroits, et quelquefois très larges : ils encerclent dans leurs méandres des îlots sans nombre. C'est là, aussi bien que dans ces marais qui sont contigus, que se plaisent les alligators et le requin d'eau douce, nommé *gar* en anglais, le brochet de nos étangs. Sur les eaux de ces bayous se jouent des myriades d'oiseaux aquatiques, qui se plaisent à troubler la torpide tranquillité de ces ruisseaux.

Là vous trouverez le flamant rouge, l'aigrette, le cygne trompette, le héron bleu, l'oie sauvage, le butor, l'oiseau-serpent, le pélican et l'ibis. On y rencontre encore l'orfraie et l'aigle à tête blanche, qui arrache à celle-ci la proie dont elle s'est emparée, un voleur plus habile ou plus fort que son confrère. Les marais et les bayous sont remplis de poissons, de reptiles et d'insectes : on comprendra aisément que tous les oiseaux qui sont ichthyophages se plaisent au milieu de ces Palus Méonides de la Louisiane. Dans plusieurs parties de cet Etat, les canaux s'entrelacent comme les mailles d'un filet, et on peut parcourir une immense étendue de pays au moyen d'un bateau pointu des deux bouts, que l'on pousse, à la rame ou à la gaffe, dans toutes les directions. C'est, du reste, le moyen le plus en usage parmi les planteurs, dont les habitations sont élevées dans cette contrée, quand ils vont se visiter les uns les autres. A mesure que l'on approche du golfe du Mexique, les arbres disparaissent, et à une distance de cinquante milles du rivage, il est impossible d'en rencontrer un seul.

Dès le second jour de mon départ, j'avais réussi à me procurer tous les spécimens d'oiseaux que j'avais promis à mon ami, l'ibis excepté. Les deux ou trois *tantali* que j'avais aperçus étaient si sauvages, qu'il m'avait été impossible de les approcher. Ils avaient pris leur vol à une distance immense. Je n'avais pourtant pas perdu l'espoir d'en rapporter un à mon ami.

Le troisième ou le quatrième jour, je quittai une habitation de nègres, élevée sur bords d'un large bayou, n'emportant avec moi que mon fusil et mes munitions. J'avais même laissé à l'écurie mon fidèle épagneul, qui, la veille, en traversant à la nage un marais profond, avait était mordu par un alligator. Je m'étais proposé à la fois d'augmenter mon berbier, comme aussi de trouver l'ibis désiré par mon confrère ; mais j'eusse volontiers négligé mes plantes pour tuer cet oiseau rare. Je m'étais jeté dans un bateau, une sorte de navette légère à fond plat, employée dans tout le pays pour naviguer sur les bayous et les marais.

Tantôt je me servais de deux pagayes tantôt je me laissais aller au courant du bayou; mais comme je n'apercevais d'ibis nulle part, je me coulai dans une branche du courant d'eau, et je fis force de rames pour remonter le courant. Je parvins bientôt dans une région solitaire couverte à perte de vue de marécages, au milieu desquels croissaient des roseaux très élevés. On ne voyait près de là aucune habitation ; rien ne décelait la présence de l'homme ; il était bien possible que je fusse le premier qui eût été amené par un motif quelconque à troubler la solitude des eaux noirâtres de ce marais.

A mesure que j'avançais je rencontrais du gibier, et je parvins à tuer plusieurs individus de cette espèce nommée l'ibis des bois et de celle appelée l'ibis blanc. Je démontai aussi d'un coup de fusil un aigle à tête blanche (*falco leucocephalus*), qui planait au dessus de mon bateau sans soupçonner le danger qui le menaçait. Chose étonnante! l'oiseau que je souhaitais le plus ne se trouvait jamais à portée de mon fusil, et cet oiseau, c'était l'ibis écarlate.

J'avais remonté le ruisseau en ramant à une distance de près de trois milles, et je m'apprêtais déjà à abandonner les rames et à me laisser aller au courant, lorsqu'en jetant les yeux devant moi, je m'aperçus que le bayou s'élargissait à peu de distance de l'endroit où je me trouvais. Entraîné par ma curiosité, je m'avançais encore, et, au moyen de quelques coups de rames, j'arrivai à la pointe d'un lac de forme oblongue, à peu près long d'un mille. C'était une flaque d'eau profonde, bourbeuse et marécageuse sur les bords. Les alligators y grouillaient comme des grenouilles dans une mare. Je les voyais montrer à la surface du bayou leur dos rugueux et accidenté, se livrer à de nombreux ébats en poursuivant les poissons et en se battant les uns les autres. Ce spectacle ne m'étonnait pas précisément, car, pendant mes excursions de chasse, j'avais souvent été témoin de mêmes scènes bizares. Ce qui attirait surtout mon regard, c'était un îlot surgissant des eaux du lac, sur la pointe duquel j'apercevais un vol d'oiseaux d'un plumage rouge-feu. C'étaient à n'en pas douter, ces ilis que je poursuivais avec tant d'ardeur !

Telle était mon impression, car

j'aurais pu trouver à leur place des flamants écarlate : la distance m'enpêchait encore de faire la distinction des deux oiseaux. Du reste, peu m'importait ; je n'avais qu'un désir, celui d'être à même de pouvoir arriver assez près pour les tirer à portée. Je n'ignorais pas non plus que les flamants sont aussi farouches que les ibis, et, comme l'îlot était au ras de l'eau, sans aucun arbuste, aucun jonc qui crût sur cette langue de terre, je n'espérais presque pas que ces oiseaux, quels qu'ils fussent, consentissent à m'attendre à une distance favorable. Néanmoins, je résolus de tenter la fortune. Je ramais avec énergie, me détournant de temps à autre pour voir si le gibier avait pris son vol. Le soleil brillait au dessus de ma tête, torréfiant et éb'ouissant : aussi, comme l'éclat de la lumière ajoutait une intensité particulière à celui de la couleur rouge, je continuai à prendre les oiseaux écarlates pour des flamants. Enfin, j'arrivai assez près pour me convaincre du contraire. La forme du bec coupante comme celle d'une lame de sabre, me prouva que j'avais affaire à des ibis. Je remarquai en même temps qu'ils n'avaient que trois pieds de haut, tandis que les flamants dépassent souvent cinq pieds.

Il y avait là une douzaine d'ibis qui se balançaient, suivant leur usage, sur une seule patte, dormant en apparence ou plutôt ensevelis dans de profondes méditations. Ils étaient sur la pointe extrême de l'îlot, et je n'en étais plus qu'à une distance de soixante mètres.

Si je pouvais aborder sur l'îlot,

me disais-je, je serais certain que mon fusil les atteindrait à coup sûr.

Je ne craignais qu'une chose, c'est que le bruit des rames n'attirât leur attention ; aussi je ramais doucement et avec la plus vétilleuse précaution. Sans aucun doute, la chaleur tropicale qui régnait ce jour-là avait mis les ibis dans un état de torpeur inaccoutumé. Ce qu'il y a de certain, c'est qu'ils restaient tranquilles, et que mon bateau toucha l'îlot sans qu'aucun d'eux eût remué bec ou patte.

Je mis mon fusil en joue avec précaution ; je visai et lâchai presque simultanément la détente de mes deux canons. Dès que la fumée se fut dissipée, je m'aperçus que tous les oiseaux avaient pris leur vol, à l'exception d'un seul, qui gisait mort sur le bord de l'eau.

Sans lâcher mon fusil, je sautai hors du bateau et traversai l'îlot pour ramasser mon ibis ; ce fut l'affaire de quelques minutes, et je revenais, portant mon oiseau, pour rentrer dans mon embarcation, lorsque, à mon grand effroi, je la vis déjà loin du rivage, entraînée au milieu du l. c par un courant rapide.

Dans mon empressement à courir m'emparer de mon ibis, j'avais oublié d'amarrer le bateau, et le courant du bayou l'emportait au loin. Déjà il était après de cent mètres de la rive, et je ne savais pas nager!

Ma première pensée fut pourtant de me jeter à l'eau, afin de rattraper quand même mon embarcation. Mais, parvenu sur le bord de l'îlot, je m'aperçus que le lac était profond comme un gouffre. La seconde pensée qui frappa mon imagination comme d'un coup de foudre, fut qu'il m'était impossible de rattraper la barque.

Je ne compris pas d'abord le danger imminent de ma situation.

J'étais sur un îlot, au milieu d'un lac, à un demi-mille du rivage, seul, il est vrai, sans bateau ; mais qu'est-ce que cela pouvait faire ?

Plus d'un chasseur s'était trouvé avant moi dans cette position sans courir de danger.

Ces premières réflexions, assez naturelles, traversèrent d'abord mon cerveau ; mais bientôt elles furent remplacées par d'autres pensées bien différentes.

En suivant des yeux mon bateau, qu'il m'était impossible de ressaisir, en regardant autour de moi et en songeant que le lac était bordé par un marais sans fond, où mes pieds, en cas où je pourrais parvenir jusque-là, ne pourraient pas se poser sûrement ; en m'assurant qu'il n'y avait pas sur l'îlot un seul arbre, une branche, un buisson, un bâton même qui pût m'aider à fabriquer un radeau ; en réfléchissant à l'horreur de ma situation, mes cheveux se dressèrent sur ma tête.

Il est vrai que le lac au centre duquel je me trouvais n'avait pas ~~plus d'un mille~~ de largeur. Mais autant valait pour moi, eu égard à mon ignorance de l'art de la natation, me voir perché sur un rocher au milieu de l'Océan Atlantique. Je savais qu'il n'y avait pas d'habitation à plusieurs milles à la ronde de ce marais sans issue; j'étais convaincu que personne ne pouvait ni m'entendre ni m'apercevoir; il n'était pas probable que quelqu'un s'approchât du lac, car je vous ai déjà dit que je me croyais le Christophe Colomb de ce bayou, tant j'étais persuadé que mon bateau avait, le premier, troublé la solitude de ce désert marécageux. Ce qui me confirmait dans cette croyance, c'est que les oiseaux qui voltigeaient sur ma tête paraissaient être presque apprivoisés. Je demeurai frappé de la crainte de mourir sur ce lac si personne ne venait par hasard à mon secours : mourir de faim ou me noyer en essayant de me sauver, tel était le sort qui paraissait m'être réservé !

Mon âme désolée se laissait abattre par cette terrible alternative : il n'y avait pas d'ambiguïté dans ma position ; toute hypothèse était définie. Je ne m'attachais à aucune supposition d'espérance. J'étais perdu, car pouvais-je m'imaginer un seul moment que quelqu'un se mettrait en quête de moi. Qui songeait à cela? Les habitants du hangar où j'avais couché la veille ne me connaissaient pas; j'étais pour eux un étranger, un original, qui entreprenait des excursions vagabondes pour rapporter des brassées d'herbes, des oiseaux, des insectes, des papillons et des reptiles, qui leur étaient inconnus, quoiqu'ils fussent tous les jours sous leurs yeux. Mon absence serait-elle remarquée? Cela n'était pas probable, durât-elle même plusieurs jours ; car souvent j'étais resté éloigné de l'habitation pendant une semaine entière

Il n'y avait donc pas d'espoir que l'on s'occupât de moi.

Ces réflexions me vinrent coup sur coup à la pensée, et en quelques secondes mon âme abattue en mesurait chaque portée. Rien ne s'opposait à mon désespoir. Je me mis à appeler plutôt involontairement qu'avec l'espérance d'être entendu. Je poussai des cris d'une voix stridente, auxquels répondirent seulement les échos de la solitude, les sifflements de l'orfraie et le rire maniaque de l'aigle à tête blanche.

Je cessai bientôt ces efforts inutiles, et jetant mon fusil à terre, je me laissai choir sur le sable. Je me suis souvent imaginé quelles étaient les impressions d'un homme enfermé dans un donjon. J'ai été plusieurs fois égaré dans les déserts des prairies — cette mer de verdure de notre continent — sans rencontrer pour diriger ma route un buisson, une ravine ou une étoile du ciel. Là, du moins, l'homme perdu — s'il ne voit rien à l'horizon, si un bruit quelconque ne frappe pas son oreille — se trouve en présence de Dieu, et peut trembler, tressaillir, se laisser émouvoir à cette pensée sublime : c'est le retour sur soi-même, le souvenir de la Divinité qui produit son effet sur la conscience humaine. Vous êtes bien perdu : c'est une position horrible, capable de vous rendre fou ! Eh bien, j'ai supporté cette émotion pareille ; je me résignerais encore à me trouver égaré de cette manière cent fois de suite, plutôt que d'endurer de nouveau une heure pareille à celle que je passai sur cette île déserte du lac solitaire. La prison peut être obscure et silencieuse ;

mais là on ne se sent pas très seul : tout près de soi on sait qu'il y a des hommes, vos semblables, quoiqu'ils soient vos geôliers. Perdu dans la prairie, on est bien seul, mais on jouit de sa liberté ; tandis que sur cet îlot, je comprenais que j'étais isolé et prisonnier à la fois. C'était une atroce combinaison de sensasions de la geôle et de celles du désert.

Je restai enseveli dans cette stupeur. Combien de temps cet état dura-t-il, je ne saurais le dire. Quand je sortis de cet engourdissement physique et moral, le soleil allait disparaître à l'horizon. Ce qui me rappela à moi-même, ce fut l'aspect d'objets d'une forme hideuse, rampant sur le sable, et formant cercle autour de moi.

Depuis longtemps ils étaient là sans que je les eusse vus. J'éprouvai seulement un pressentiment de leur présence. Bientôt, cependant, le bruit particulier de leurs mouvements, celui de leur respiration, frappèrent mes oreilles. On aurait dit le soufflet d'une forge, alterné de temps à autre par le beuglement d'un taureau. C'est ce qui me rappela à moi-même. En jetant les yeux devant moi, j'aperçus les lézards gigantesques, d'horribles alligators.

Ils étaient énormes pour la plupart et fort nombreux : Il y en avait certainement plus de cent qui rampaient sur l'îlot, autour de moi, devant, derrière, de tous côtés. Leurs mâchoires dentelées, leurs museaux allongés é'aient si près de moi qu'ils me touchaient presque, et leurs yeux, habituellement éteints, brillaient d'une flamme phosphorescente.

Rappelé à moi-même par ce danger imminent, je me relevai d'un seul bond. Et au même instant les animaux reconnaissant la présence de l'homme vivant, dont ils ont peur, s'éparpillèrent dans toutes les directions, ils plongèrent dans le lac, et disparurent dans l'eau bourbeuse.

Cet incident me rendit quelque

courage. Je découvris que je n'étais pas tout à fait seul. Les alligators ne me tenaient-ils pas compagnie ? Je retrouvai peu à peu mon énergie, et pus réfléchir de sang-froid à la position dans laquelle je me trouvais. Mes yeux firent l'inspection de l'îlot, dont j'examinai chaque partie avec intérêt : les plumes de la mue des oiseaux asiatiques, les mottes de boue durcie au soleil, les moules d'eau douce (*unios*) disséminées sur les bords. Je fis l'inventaire de toutes choses, et, malgré cela, je vis bien qu'il n'y avait pas de chance de salut.

L'îlot était placé à la pointe d'un banc de sable formé par le ressac depuis un an peut-être. Pas un brin d'herbe ne poussait sur ce sol isolé ; quelques joncs hérissaient çà et là leurs lames tranchantes. Rien ne pouvait me fournir les matériaux d'un radeau, sur lequel je n'eusse voulu lancer qu'une petite grenouille. Je renonçai donc à tout espoir de ce côté.

Je parcourus à grand pas ma prison à ciel ouvert. J'arpentai cet étroit espace de droite et de gauche ; je sondai la profondeur de l'eau au fond de l'île et je m'avançai même pour mesurer le fond, mais partout je perdis pied. A quinze mètres devant moi, j'avais de l'eau jusqu'au cou. Les alligators jouaient entre eux à mes côtés, soufflant et reniflant. Dans leur élément naturel, ils devenaient plus audacieux, et je n'aurais certainement pas atteint sain et sauf le rivage en admettant que l'eau eût été moins profonde. Eussé-je osé me jeter à la nage, et

eussé-je su nager comme un cygne,
les alligators m'auraient intercepté
la route liquide avant qu'il m'eût
été possible de faire une douzaine
de brasses. Les démonstrations hostiles de ces ovipares me firent peur ;
je me hâtai de remonter sur la terre
ferme, où je me mis de nouveau à
arpenter mon îlot, dans le but de
faire sécher mes vêtements mouillés.

Je restai ainsi debout, marchant
en tous sens, jusqu'à la nuit, qui se
fit autour de moi sombre et terrifiante. Avec l'obscurité se hasardèrent

dans les airs de nouvelles voix, — les rumeurs émouvantes des marais pendant la nuit, le *qua qua* du héron, le miaulement du hibou aquatique, le beuglement du butor, le *el-l-uk* du gigantesque crapeau, le coassement des grenouilles et le *cri-cri* du grillon des savanes, qui résonnaient à mes oreilles comme l'eût fait le hurlement d'un lion prêt à me dévorer. A quelques mètres, tout près de moi, j'entendais le clapotement des eaux contre les écailles des alligators, je prêtais l'oreille au souffle bruyant de ces reptiles, et cela me fit penser qu'il me serait impossible de songer à dormir. Me livrer au sommeil ! Je n'aurais pas osé le faire, fût-ce même pour quelques instants. Si, par hasard je restais plus de deux minutes sans bouger, les hideux alligators rampaient tout près de moi si près que j'aurais pu les toucher de la main.

A différents intervalles, je me relevais subitement, je poussais des cris, je brandissais mon fusil autour de ma tête dans le but de chasser ces ennemis implacables dans leur élément boueux ; ils se rejetaient à l'instant dans l'eau du bayou, mais, à vrai dire, c'était sans trop de frayeur. Chaque nouvelle démonstration de ma part les trouvait moins sensibles à la crainte ; enfin, je vis arriver avec terreur le moment où ni les cris, ni les gestes menaçants n'auraient plus de pouvoir sur eux. Ils se réfugiaient à quelques pieds de moi en formant un cercle infranchissable.

Cette barrière grouillante me remplit bientôt de stupeur : dans un dernier effort d'imagination, je chargeai mon fusil et je tirai au hasard. Ma balle rebondit sur les écailles de l'un des reptiles, et alla se perdre dans l'eau ; car les alligators, on le sait, sont invulnérables, à moins qu'on ne les atteigne dans l'œil ou entre les épaules. Dans l'obscurité il m'était impossible de diriger mes coups, et mes lingots de plomb rebondissaient sur leurs écailles épaisses. Cependant, grâce à la commotion du salpêtre et aux éclairs qui jaillissaient de mon fusil, je parvins à jeter l'épouvante dans les rangs des alligators ; ils s'enfuirent et ne revinrent que bien plus tard. Je m'étais endormi, cédant au sommeil irrésistible qui appesantissait mes paupières, mais je fus soudain réveillé par quelque chose de froid qui touchait mon visage. Au même instant, une odeur nauséabonde de musc et de corruption frappa désagréablement mon nerf olfactif. Je jetai les bras en avant. Horreur ! ma main rebondit sur les écailles fangeuses et gluantes d'un alligator de la taille la plus gigantesque. Il s'était glissé à mes côtés, et se préparait à m'attaquer consciencieusement. Je pus malgré l'obscurité, entrevoir l'animal au moment où il ouvrait ses mâchoires et repliait son corps pour me frapper et pour mordre à la fois. Je n'eus que le temps de faire un saut, afin d'éviter un coup de queue terrible qui m'eût renversé à coup sûr, et qui fit voler le sable sur lequel, quelques minutes auparavant, j'étais étendu de tout mon long. Je fis encore feu, et mon ennemi, précédé de ses camarades, opéra une prompte retraite dans le lac.

Il n'était plus possible de songer à dormir, non pas que je n'eusse pas un besoin impérieux de repos ; bien au contraire, harassé de fatigue comme je l'étais, d'abord par la peine que j'avais prise à ramer sur les canaux du bayou et ensuite par les sensations émouvantes du danger que je courais, je me serais volontiers étendu sur la terre, même dans la boue : le sommeil ne se fut pas fait attendre. Il ne fallait rien moins que la certitude du péril dont j'étais menacé pour me tenir éveillé. Une fois encore, avant la première heure du jour, je fus contraint de me défendre contre les alligators et de tirer sur eux mes deux coups de fusil.

Enfin l'aube parut, mais rien ne vint changer ma position dangereuse. La lumière ne me fit voir que les contours de ma prison : elle ne me révéla aucun moyen de me sauver. Ce n'était pas même un soulagement à mes maux, car la chaleur du soleil produisait des cloches sur ma peau, que des myriades de mouches de marais, des nuées de maringoins avaient assaillie et mordue pendant

toute la nuit. Il n'y avait pas un nua-
ge au ciel pour m'abriter contre ces
rayons brûlants ; bien au contraire,
la réverbération des eaux doublait
l'intensité de la chaleur.

Vers le soir la faim commença à
se faire sentir. Qu'y avait-il d'éton-
nant ? Je n'avais rien mangé depuis
mon départ de l'établissement du
marais. Pour étancher la soif ardente
qui me dévorait, je bus quelques
gorgées de l'eau saumâtre et boueuse
du lac ; puis j'en avalai une grande quantité, car elle était fort

chaude, et c'est à peine si elle humectait mon palais : cette boisson ne contribua pas à diminuer les tiraillements de mon estomac. A tout prendre, j'avais assez d'eau autour de moi, mais la nourriture me manquait.

Que pourrais-je manger ? me disais-je. L'ibis ? Comment le faire cuire ? Je n'avais rien pour allumer du feu, pas même le moindre morceau de bois. Qu'importe, pensai-je en moi-même, la cuisson de la nourriture est une invention moderne, un luxe qui ne convient qu'à des palais de sybarites. Je me hâtai donc de dépouiller l'ibis de son brillant plumage, et je mordis dessus à belles dents. Ce repas annihilait mon *échantillon*, mais je pensais aussi peu à mon ami dans ce moment, que je songeais à l'histoire naturelle. Bien plus, je maudissais l'heure où j'avais fait la promesse de trouver un ibis écarlate, et j'eusse volontiers vu mon confrère à ma place, enfoncé jusqu'au cou dans la boue du marécage. Comme on le voit, je n'étais pas très chrétien ce jour-là.

L'ibis ne pesait certainement pas plus de trois livres, chair et os. Je fus contraint de déjeuner au moyen des débris crus de cet oiseau, et à ce déjeuner *sans fourchette*, après avoir détaché toute la chair qui couvrait les os, je suçai ces derniers, tant ma faim était grande encore !

Q'allais-je devenir ? Me faudrait-il mourir d'inanition ? Non, me dis-je à moi-même, je m'ingénierai pour trouver à manger. Pendant les nombreuses escarmouches que j'avais livrées aux alligators dans le cours de la nuit, j'avais réussi à frapper l'un d'eux au bon endroit, et la carcasse de ce puant ovipare gisait étendue sur le sable de mon îlot. Je ne pouvais donc pas mourir de faim. Je mangerai de l'alligator, pensai-je. Toutefois il faudra que ma faim soit bien violente pour que je me décide à porter à ma bouche un morceau de cette chair nauséabonde.

Au bout de deux autres jours passés dans mon îlot, sans prendre de nourriture, mes répugnances furent vaincues. Je tirai résolument mon couteau, et, coupant une tranche de la queue d'un alligator que je tuai tout exprès, je mordis à belles dents dans cette viande musquée. Le premier alligator, celui dont je viens de parler, était déjà à moitié pourri, grâce à l'action brûlante du soleil, et les émanations de sa hideuse carcasse empoisonnaient l'air autour de moi.

Cette odeur infecte devint bientôt intolérable. Aucun souffle de brise ne ridait les eaux du bayou, car, s'il en eût été ainsi, j'aurais pu me tenir au dessus du vent : l'atmosphère entière de l'île était tellement imprégnée de ce poison, que je ne respirais plus qu'à grand'peine. Cette situation devenait intolérable. Du bout du canon de mon fusil, je parvins à pousser dans les eaux du lac le cadavre corrompu de l'alligator, avec l'espoir que le courant l'entraînerait au loin : c'est ce qui arriva. J'eus la satisfaction de voir cette carcasse maudite prendre la même direction suivie par mon bateau. Cette circonstance me suggéra différentes pensées. Si cet alligator surnage ainsi au dessus de l'eau, quelle peut en être la cause ? Ne serait-ce pas parce qu'il est enflé par un gaz qui le rend léger ? Ah ! je suis sauvé !

J'avais conçu un plan admirable : c'était une de ces idées brillantes enfantées par la nécessité du moment. Tuer un autre alligator, le vider, et après avoir bien nettoyé ses intestins et sa vessie, les gonfler en soufflant dedans, et nouer les extrémités de manière à en faire ainsi des *lifes préservers*, tel fut mon plan bien arrêté. Je n'avais plus qu'à occire un ovipare et à me hasarder sur les eaux du lac au moyen de cette ceinture de sauvetage d'un genre tout nouveau.

Je ne perdis donc pas un seul instant ; je me sentais animé d'une énergie toute nouvelle, car l'espoir de me tirer d'embarras m'avait rendu toutes mes forces. Je chargeai mon fusil avec soin, et, avisant un alligator gigantesque qui nageait à dix mètres devant moi, je visai très attentivement à l'œil, je tirai, et j'eus la bonne chance de le voir aborder, expirant, sur le sable de l'îlot.

A l'aide de mon couteau, j'éventrai le reptile et lui arrachai les entrailles, qui, quoique formant un très petit volume, suffisaient à mes projets d'évasion. Je me servis, pour enfler ses boyaux palpitants de l'une des grosses plumes de l'ibis, en peu d'instant je vis la vessie et les intestins, pareils à d'énormes boudins, se gonfler et devenir énormes.

Je me hâtai de lier soigneusement cet appareil pour que l'air ne s'en échappât point, et, l'attachant solidement autour de ma ceinture, je m'avançai hardiment au milieu de l'eau. D'une main je nageais, et de l'autre je tenais mon fusil élevé au dessus de ma tête, prêt à faire feu dans le cas où les alligators m'auraient attaqué ; mais il n'en fut rien, car, sans le savoir, 'avais choisi l'heure du midi, et personne n'ignore que pendant la grande chaleur du jour les ovipares restent étendus sur les rivages, le long des cours d'eau, dans un état de torpeur et d'engourdissement. Rien ne vint donc me déranger dans ma navigation fantastique.

Entraîné doucement par le courant, il me fallut une demi-heure pour arriver jusqu'à la coulée du lac, à l'embouchure du bayou. Là, à ma grande joie, j'aperçus mon bateau retenu dans les roseaux du marais, et bientôt, me hissant par dessus la bordure, je me trouvai, grâce à Dieu, entre les planches de mon esquif. J'étais sauvé ! Mes rames en main, je pagayai en suivant la direction du courant.

Tel fut l'heureux dénoûement de mon aventure de chasse. Le soir même je parvins sain et sauf à l'établissement d'où j'étais parti depuis quatre jours. Je ne possédais plus, il est vrai, l'ibis, cause première de mon excursion dans les marécages des bayous ; mais après quelques jours de repos je repris le cours de mes explorations, et je parvins à atteindre un de ces oiseaux, d'une espèce si belle que mon ami le naturaliste eut tout lieu d'être satisfait lorsque je m'empressai de lui offrir, à mon arrivée à la Nouvelle-Orléans.

Limoges. — Imp. Eugène Ardant et Cⁱᵉ.

www.ingramcontent.com/pod-product-compliance
Lightning Source LLC
LaVergne TN
LVHW022124080426
835511LV00007B/1021